रामस्वरूप किसान

रामस्वरूप किसान का जन्म 14 अगस्त, 1952 को हुआ। उनकी प्रमुख कृतियाँ हैं—*हिवड़ै उपजी पीड़, कूक्यो घणो कबीर, आ बैठ बात करां, म्हैं अन्नदाता कोनी* (राजस्थानी कविता-संग्रह); *गाँव की गली-गली, फ़िज़ा के समन्दर में* (हिन्दी कविता-संग्रह); *हाडाखोड़ी, तीखी धार, बारीक बात, उछाळ* (राजस्थानी कहानी-संग्रह); 'सपनै रो सपनो' (राजस्थानी लघुकथा-संग्रह); *राती कणेर* (रवीन्द्रनाथ टैगोर के बांग्ला नाटक 'रक्त करबी' का राजस्थानी अनुवाद)।

कविता-संग्रह *आ बैठ बात करां* व कहानी-संग्रह *हाडाखोड़ी* के पंजाबी तथा कहानी-संग्रह *बारीक बात* का साहित्य अकादेमी की ओर से हिन्दी व पंजाबी में अनुवाद प्रकाशित। राजस्थानी तिमाही 'कथेसर' का सम्पादन।

कविता-संग्रह *आ बैठ बात करां* राजस्थान विद्यापीठ वि.वि., उदयपुर के पाठ्यक्रम में, कहानी *गाय कठै बांधूं* राजस्थान वि.वि., जयपुर व माध्यमिक शिक्षा बोर्ड, राजस्थान के पाठ्यक्रम में और *दलाल* का अंग्रेजी अनुवाद *द ब्रोकर* क्राइस्ट यूनि., बैंगलोर (कर्नाटक) व महात्मा गांधी यूनि., कोट्टायम (केरल) के पाठ्यक्रम में शामिल।

उन्हें *बारीक बात* के लिए 2019 के *साहित्य अकादेमी पुरस्कार, राती कणेर* के लिए 2003 के *साहित्य अकादेमी अनुवाद पुरस्कार* से पुरस्कृत किया गया है। इसके अलावा राजस्थानी भाषा-साहित्य एवं संस्कृति अकादमी, बीकानेर के *मुरलीधर व्यास 'राजस्थानी' कथा पुरस्कार* व *रावत सारस्वत साहित्यिक पत्रकारिता पुरस्कार*, राजस्थान साहित्य अकादमी उदयपुर का *विशिष्ट साहित्यकार सम्मान, कथा पुरस्कार, गौरीशंकर कमलेश पुरस्कार, सृजन सम्मान, बैजनाथ पंवार कथा पुरस्कार, सीताराम रूंगटा राजस्थानी साहित्य सम्मान* से सम्मानित किया गया है। साहित्य अकादेमी की राइटर इन रैजीडैंसी योजना के तहत स्कॉलरशिप प्राप्त।

सम्प्रति : लेखन और खेतीबाड़ी

ई-मेल : aapnibhasha@gmail.com

फ़िज़ा के समन्दर में

रामस्वरूप किसान

राजकमल पेपरबैक्स

राजकमल पेपरबैक्स में
पहला संस्करण : 2025

राजकमल पेपरबैक्स : उत्कृष्ट साहित्य के जनसुलभ संस्करण

राजकमल प्रकाशन प्रा. लि.
1-बी, नेताजी सुभाष मार्ग, दरियागंज
नई दिल्ली-110 002
द्वारा प्रकाशित

शाखाएँ : अशोक राजपथ, साइंस कॉलेज के सामने, पटना-800 006
पहली मंज़िल, दरबारी बिल्डिंग, महात्मा गांधी मार्ग, प्रयागराज-211 001
1, अनमोल सोराबजी सन्तुक लेन, धोबी तलाव, मरीन लाइंस, मुम्बई-400 002
वेबसाइट : www.rajkamalprakashan.com
ई-मेल : info@rajkamalprakashan.com

विकास कंप्यूटर एंड प्रिंटर्स
ट्रॉनिका सिटी-201 102
द्वारा मुद्रित

मूल्य : ₹250

FIZA KE SAMANDAR MEIN
Poems by Ramswaroop Kisan

ISBN : 978-93-6086-047-9

फ़िज़ा के समन्द्र में

क्रम

पीठ 9
फ़िज़ा के समन्दर में 20
सबसे बड़ा अचम्भा 29
सामन्त 30
ज़िन्दगी 32
दृष्टि की चाबी 33
वजूद 34
नाम 35
तिनका और कवि 37
परवरिश 38
डर 39
याद 40
सृजन 42
लाइब्रेरी-1 43
लाइब्रेरी-2 44
लाइब्रेरी-3 45
विदाई 46
यदि आदमी होता 47
भोपिन 51
लुगाई 54
पोल में ढोल 56
क़हर के दिन 58
गडरिये की नींद 60
सौन्दर्य की एक भुजा 63
आन्दोलन 67
ख़ाली खेत 69
पिछवाड़े का खंडहर 71
सफ़र 74
केवल तुम 77
लुक के इर्द-गिर्द 79
खेजड़ा 82
ऊँट के बोल 84
मरु का गाँव 85
सरहद के इस पार—उस पार 87
गाँव से टूटी किरच 89
मैं और तुम 92
जीवन तो यहाँ है 94
दमदार 97
परात में फिसलते हाथ 99
सीट मिलते ही 101
कैसे लिख सकता हूँ कविता 102
वे चुनाव नहीं लड़ते 104

ऐसा ही 106
वे और हम 108
मिडिल क्लास का बन्दा 109
चार बूँद हड्डी 114
वो जाने 115
कहाँ थूकूँ 119
कहाँ-कहाँ थूकूँ 121
इन्तज़ार 123
अकेला 125
नया क्या है 128
पिंजरा तोड़ें 129
सड़क 130
आग 131
भूल नहीं सकता 132
वरना मैं भी करता कविता 134

पीठ

[एक]

पीठ दिखाकर
भागनेवाला
कायर नहीं होता
और
पीठ पर
गोली दागनेवाला तो
वीर क़तई नहीं होता

उपरोक्त
उक्तियों की पुष्टि
निरीह-कायर
क्रूर-वीर के
अन्तर में है।

[दो]

पीठ एक
कारुणिक क्षेत्र

भावशून्य
अनचिह्ना
सपाट स्थल
पेट का विलोम
चेहरे का
आकाश है।

[तीन]

पीठ पर
मेरी दृष्टि
गड़ी तो ऐसी गड़ी
कि उसे
एक सफ़ेद धब्बे में
बदलकर ही लौटी

जब मैंने
दृष्टि से पूछा...
उसने झट
अपनी जेब से निकाल
वह धब्बा
मेरी हथेली पर
रख दिया—
जो एक
मानवाकृति में
तब्दील हो गया
विदाई
साकार हो उठी
आँखें भीग गईं।

[चार]

मेरा नौ साल का पोता
सुमित
स्कूल जाते हुए
जब मेरे आगे-आगे चलता है तो
उसकी डोलती गर्दन
उड़ते बाल
कनपटी से बहता पसीना
झूलते कन्धे
हिलते हाथ
चलते पाँव
चढ़ते-उतरते नितम्ब
फड़फड़ाता कुर्ता-पाजामा
बनती-मिटती सलवटें
ये सब मिलकर
पीठ पर जो रचती हैं
उससे दुनिया की सारी
रचनाएँ छोटी हैं
क्योंकि, उसे बाँचकर मैं
बड़ी मुश्किल से
रोक पाता हूँ ख़ुद को
उसे स्कूल नहीं जाने देने से।

[पाँच]

पृष्ठ के
फ़ाउंडेशन पर खड़ा
अग्र का

आलीशान महल
हमारा व्यक्तित्व

जब डलती है माला
छप्पना जाता है सीना

सोचता हूँ
एक बार भी
उल्टी माला
डलवाकर
मुस्कराने का
साहस कर पाता
व्यक्ति।

[छः]

पीठ
देह का
श्रमिक हिस्सा
जिस पर
कुछ भी लादा जा सकता है

इसीलिए तो
पास से गुज़रती देख
भाषा तक भी न चूकी

पीठ दिखाना और
पीठ के नम्बर दिखाने से लेकर

पीठ ठोंकना तक
अनेक वज़नी मुहावरे
लाद दिए पीठ पर

पर अफ़सोस कि
बेआँख
बेज़ुबान
बेदिमाग़
पीठ की
प्रतिक्रिया कैसे जाने
बस,
यहीं से
फूटती हैं
करुणा की किरणें।

[सात]

पीठ पक गई
निंदा सुन-सुन
सीना फूल गया
स्तुति सुन-सुन
एक ही देह
झेल रही
साथ-साथ
फूल और पत्थर।

[आठ]

देह के
दो हिस्से
पीठ
सीना
परस्पर
अनदेखे
अनजान
जैसे कि
मैं
गुज़रो

फिर भी
परस्पर निर्भर
सहयोगी
सम्पृक्त
जैसे कि
मैं
मुझसे।

[नौ]

पीठ की पीठ
और
सीने की पीठ
मिलकर
बनती है
देह

जैसे कि
दो घरों की
पीठें मिलकर
बनते हैं घर
एक सूना
एक आबाद।

[दस]

पीठ के
समक्ष
खड़े हो
और
कह रहे हो—
पीठ पीछे खड़ा हूँ

यह अन्धेपन का
अपमान है।

[ग्यारह]

पीठ
पीठ होती है
इससे कोई
फ़र्क़ नहीं पड़ता कि वह
गधे की है
घोड़े की है
बैल की है

या वह है
मानव की

वह तो
फ़क़त
भार ढोती है
भार संकट को
कहते हैं

इस अर्थ में
पीठ
संकटमोचन है।

[बारह]

एक महापीठ
धरती की
जो समस्त पीठों को लादे
जिसमें
एक पीठ मेरी भी है
चली जा रही है
युगों से गंतव्य की ओर

गंतव्य?
जो आने का
नाम ही नहीं ले रहा
ऐसे में
बीच रास्ते

कोई उतरे भी
तो कैसे उतरे!

[तेरह]

एक पीठ
सचिन की
एक पीठ कसाब की

दोनों पर
भिन्न-भिन्न
इबारतें
निष्क्रिय
निष्प्राण

पर
सीनों में
जाकर
धड़कती हैं
भिन्न-भिन्न
भावों में।

[चौदह]

विरल
पारदर्शी
नाज़ुक-सी
झिल्ली के उन्मान

पीठ है
वर्तमान,
भविष्य की
जो
भूत की
ठोस पीठ के
दाब-ताप से
पिघल
भाप बन उड़ जाती है
और
तब
भविष्य-वर्तमान की
एकल पीठ
रह जाती है
भूतकाल।

[पन्द्रह]

जहाँ पीठ
सीने पर
अभिनय करती हो
वह रंगमंच है

जीवन के
रंगमंच पर
इतिहास का अभिनय
पीठ की महानता का
प्रमाण है

तभी तो
अबूतालिब कहते हैं—
'यदि तुम इतिहास पर
पिस्तौल चलाओगे
तो भविष्य तुम पर
तोप दागेगा।'

[सोलह]

मंच से
घोषित हो चुका
कि मैं मरूँगा ज़रूर
पर, नेपथ्य से
एक अहसास
निरन्तर आता रहता है
मंच पर
कि मौत औरों के लिए है
बस यही पीठ
मुझे ज़िन्दा रखे हुए है।

[2017]

फ़िज़ा के समन्दर में

[एक]

मैं भागी थी पापा
आपकी जेल तोड़कर
हथकड़ियों सहित
बेड़ियों सहित

नहीं-नहीं
भाग कैसे सकती थी पापा
हथकड़ियों सहित
बेड़ियों सहित

उड़ी थी
प्रेम के पंख लगा

मुझे पता है
आप ग़ुस्साए थे
रोए थे

यह ग़ुस्साना
और रोना

साथ-साथ कैसे पापा?
ये तो परस्पर विरोधी भाव हैं
सच में पापा
क्या परम्परा के
कीचड़ में धँसा
आपका एक पाँव
आधुनिकता के
फूलों पर टिके
दूसरे पाँव के
पास आ गया है?

[दो]

मैं भागी थी पापा!
पर, आपकी जेल के
भीतर ही

और जब
अमरीशपुरी के अभिनय-सी
कुटिल हँसी के साथ
आप सामने आए
मेरे पाँवों तले से
ज़मीन खिसक गई

यह सारी ज़मीन
आप ही की है न पापा?
यह सारी ज़मीन
जो जेल है?

[तीन]

मैं भाग रही थी पापा
जीवन का
जिया जाना लेकर

जीवन का
काटा जाना
मेरा पीछा कर रहा था
अचानक
पुलिस सहित
आप सामने आ गए

जिया जाना
हाथों से फिसल गया
काटा जाना
बाँहों में
आ गया।

[चार]

पापा, मैं जब भाग रही थी
आपकी अँगुलियों के नाख़ून
तेज़ी से बढ़ रहे थे

आपके दाँत
और-और
नुकीले हो रहे थे

आपके नाक की डंडी
धीरे-धीरे ग़ायब हो रही थी

आप क्या से क्या
हो रहे थे पापा
जब मैं भाग रही थी।

[पाँच]

भागती हुई लड़की
लँगड़ाते-लँगड़ाते
भाग रही है
क्योंकि
संस्कार का काँटा
पगथली के आर-पार
हो गया है

अपने ही
भीतर की भीड़ से
बचते-बचते
भागती हुई लड़की
आख़िर किसी से भिड़कर
गिर ही जाती है

और अन्त में
अपने ही भीतर के
भेदिए की शिनाख़्त पर
पकड़ ली जाती है

भागती हुई लड़की
बाहर की पुलिस द्वारा।

[छ:]

लड़की भागने का अर्थ
लड़की भागना नहीं
लड़का भागना है

लड़का भागने का अर्थ
लड़का भागना नहीं
लड़का-लड़की का
साथ-साथ भागना है

साथ-साथ भागने का अर्थ
साथ-साथ भागना नहीं
साथ-साथ सोना है

साथ-साथ सोने का अर्थ
साथ-साथ सोना नहीं
जीवन का होना है।

[सात]

पापा, मेरा भागना
मेरे बन्धन काटता है
और आपकी नाक

मेरा भागना
मम्मी की नाक
क्यों नहीं काटता पापा?
उसका कलेजा क्यों काटता है?

अरे-अरे
माफ़ करना पापा
मैं पगली
यह भी नहीं जानती
कि मम्मी की नाक
पापा के मुँह पर होती है
और पापा का कलेजा
मम्मी के सीने में

नाक और कलेजा
एक जगह
नहीं रहते पापा।

[आठ]

'यह रहा
तुम्हारा दूल्हा
साथ-साथ रहोगे तो
प्यार हो जाएगा...'
पापा ने कहा।
मैंने कहा—
'नहीं-नहीं
ऐसा नहीं
ऐसा कहो पापा!

यह रहा तुम्हारा प्यार
साथ-साथ रहोगे
तो दूल्हा हो जाएगा।...'

[नौ]

पार्क की
बींठों भरी
टूटी-फूटी बैंच
यह नहीं जानती कि
उस पर कोई
भागी हुई लड़की बैठी है

वह यह भी नहीं जानती कि
दाँतों से दूब का तिनका कुतरती
इस लड़की के भीतर
क्या चल रहा है

उसकी विवशता से अनभिज्ञ
पूरा पार्क
यह भी नहीं जानता
कि उसके लिए
उसे क्या करना चाहिए

पार्क और लड़की के बीच
पसरे अजनबीपन की
विवशता बड़ी कारुणिक है
जो लड़की भी नहीं जानती
पार्क भी नहीं जानता

लेकिन
लड़की की कृतज्ञता से
ज़ाहिर है कि
पार्क से वह
ऐसा कुछ ले रही है
जो उसके
बहुत काम का है।

[दस]

आओ
रात को फाड़कर भागें
ऐसा फाड़कर कि
कोई सुबह
सी ना पाए

आओ
ऐसे भागें
कि पीछे छूटा
मर ना पाए
जी ना पाए

आओ
फ़िज़ा के समन्दर में
इस रफ़्तार से भागें
कि पानी खौल जाए

आओ
हम सब भागकर

एक तरफ़ आ जाएँ
इतनी एक तरफ़
कि धरती डोल जाए।

[ग्यारह]

लड़की का भागना
भागना नहीं
छापामार युद्ध है
पितृसत्ता के ख़िलाफ़।

[2018]

सबसे बड़ा अचम्भा

सर्कस में
एक कलाकार ने
आँख से
हल उठाया

तालियों की
गड़गड़ाहट के बीच
वाह! वाह!! हुई

एक दर्शक
खड़ा होकर बोला—
'इसमें अचम्भे वाली
कौन-सी बात है
सबसे बड़ा अचम्भा तो
हल को
कन्धे से
उठाना है।'

[2010]

सामन्त

सामन्त के हाथ नहीं होते
पैर होते हैं

पैरों से
चलता नहीं सामन्त
धरती को कुचलता है

सामन्त के दिल नहीं होता
दिमाग़ होता है

दिमाग़ से
सोचता नहीं सामन्त
लोगों के
सोच को मारता है

स्वयं कुछ नहीं करता सामन्त
लेकिन कैसी विडम्बना है
परजीवी शब्द में
फ़िट नहीं बैठता

पूरा विकलांग होकर भी
विकलांग नहीं है सामन्त
अपितु औरों को
विकलांग करता है

सीधे लोगों को
बहुत सुन्दर लगता है सामन्त
पर सुन्दर नहीं है।

[2010]

ज़िन्दगी

रात-भर दुबकी रही
घोंसले में ज़िन्दगी

सुबह हुई तो
फुर्र से
आँगन में आ गई

पूरे दिन भटकती रही
दर-ब-दर ज़िन्दगी

रात जब हुई तो
रात में समा गई

एक सुबह
चुग्गे में
व्यस्त थी जब ज़िन्दगी

अचानक वह किसी
बिलाव को
भा गई।

[2011]

दृष्टि की चाबी

विशाल वृक्ष की
ख़ामोशी को
टकटकी लगा
देखता रहा मैं

मुझे लगा
मेरी दृष्टि की
चाबी ने
उसकी जबान खोल दी

उसी की
छाँव में बैठ
उसी की भाषा का स्पर्श
जी रहा हूँ मैं
मुझे लग रहा है
कुछ पी रहा हूँ मैं।

[2014]

वजूद

मैंने पानी से पूछा
प्यास का पता
बोला—
मुझे क्या पता
मैं तो
कभी
गया भी नहीं
उसके घर
वह तो
बुझने के लिए
ख़ुद ही
आ जाती है
इधर

मेरे जाने का
अर्थ है
उसकी मौत
और मैं
उसे मारकर
ख़ुद को नहीं मारना चाहता।

[14 अगस्त, 2014]

नाम

[एक]

एक स्तुति है
नाम

अप्रस्तुत की
पुनः
पुनः
प्रस्तुति है
नाम

एक द्युति है
नाम।

[दो]

एक साख है
नाम
जिस पर खिला
फूल है तू

वह टूटी
और
धूल है तू।

[24 अक्टूबर, 2014]

तिनका और कवि

तिनके!
तुम कोई
छोटी चीज़ नहीं हो
कविता लिख सकता हूँ मैं
तुम पर

सर!
आप तो अकसर
कहा करते हैं—
'मैं तिनके पर भी
कविता लिख सकता हूँ?'

[25 अगस्त, 2014]

परवरिश

तूने
पल को
रक्त पिलाकर पाला

समय-शिशु को
ऐसे सँभाला
कि उसके जीवन के
आगे के
सभी पड़ाव—
मिनट-घंटे-दिन
हफ़्ते-महीने-साल
हृष्ट-पुष्ट
बलवान रहें

तभी तो
तेरे तीस-साला वक़्त के
पाँवों में
सौ-साला वक़्त
लोट रहा है।

[27 अगस्त, 2014]

डर

दिमाग़ के रास्ते
दिल के कमरे में
प्रवेश करती है
एक बिल्ली
और
म्याऊँ-म्याऊँ के साथ
लौट आती है
उसी रास्ते बाहर
भीतर खलबली छोड़।

[2014]

याद

[एक]

वक़्त के
कन्धों से उचक
झाँकता
वक़्त।

[दो]

बादलों के
घूँघट से
निकलता
चाँद।

[तीन]

ज़ख़्म को
कुरेदती
मक्खी।

[चार]

पाँव के
लगी
ठोकर।

[पाँच]

आँख में
गिरा
मच्छर।

[2014]

सृजन

लाखों ग़रीब मिलकर
रचते हैं एक अमीर

लाखों फटीचर मिलकर
रचते हैं एक रईस

लाखों गँवार मिलकर
रचते हैं एक विद्वान

यह दुनिया
ग़रीबों
फटीचरों
और
गँवारों का
सृजन है।

[2014]

लाइब्रेरी-1

एक किताब
एक लाइब्रेरी
बनती है
आपके भीतर जाकर

एक लाइब्रेरी
एक किताब बनती है
आपके बाहर आकर

यह क्रम
जारी रहता है
मृत्युपर्यंत

और जब तक
बाहर एक लाइब्रेरी बनती है
आपके भीतर
विश्व का
लाइब्रेरीकरण
हो चुका होता है।

[20 जुलाई, 2015]

लाइब्रेरी-2

विशाल लाइब्रेरी की
चक्रदार गैलरी से
गुज़र रहा था
कि एक रैक में बन्द
किताब ने
लफकर
मेरा हाथ पकड़ लिया
और
याचना-भरी आँखें
आँखों में गड़ गईं

मैं एक
टेबल पर गया
और ज़मानत की अर्जी लगा दी
वह छूट गई
और छूटकर
बहुतों को छुड़ाया।

[20 जुलाई, 2015]

लाइब्रेरी-3

बहुत दिनों से बन्द
लाइब्रेरी के
गेट की
झीरी से
झाँककर देखा
रैकों में क़ैद
गर्द सनी
किताबों का दर्द

चीख़ का चरम
सन्नाटा बन
सूने भवन में
मँडरा रहा था

ऐसा नहीं था
कि भीतर से
किवाड़ों पर दस्तक न थी
थी, पर चोट का चरम
ध्वनि शून्यता बन
शहर में
मँडरा रहा था।

[20 जुलाई, 2015]

विदाई

तुम आए
तुम चले गए

तुम्हारे आने
और चले जाने के
बीच का देशकाल
मेरी जेब में है
जो मेरे लिए
तुम्हारी विदाई है

तुम्हारे लिए
तुम्हारी विदाई
तुम्हारी जेब में है।

[फरवरी, 2018]

यदि आदमी होता

नया वर्ष हो तुम्हें मुबारक
कुञ्जमोहन जी शर्मा
नए वर्ष की नई उमंगें
मंदा बिका है नरमा

मंदा बिका है नरमा
फिर भी झूम रहा हूँ मैं
बार-बार अपने ही मुँह को
चूम रहा हूँ मैं

वक़्त कहाँ है मुझको इतना
बच्चों के मुँह चूमूँ
फ़क़त पा रहा अपने को ही
जहाँ जिधर मैं घूमूँ

वक़्त कहाँ है मुझको इतना
जो औरों से प्यार करूँ
वक़्त कहाँ है मुझको इतना
पत्नी से बातें चार करूँ

मैं तो हूँ बस आत्मप्रेमी
और आत्मप्रशंसी
मेरे मन में बजती रहती
हर पल प्रेम की बंशी
ख़ुद से ख़ुद बतियाता हूँ मैं
औरों से क्या बोलूँ
अपने पर इतराता हूँ मैं
भेद और क्या खोलूँ

थपथपाकर पीठ स्वयं की
ख़ुद ही ख़ुद को धन्यवाद—
देता रहता हूँ मैं पल-पल
मेरी सोच को है लखदाद

खाना खाकर ओढ़ रजाई
सर्दी में जब सोता हूँ
मन होता है फुटपाथों पर
फूट-फूटकर रोता हूँ

और फूटने लगती है तब
कविता मेरे दिल में
लाशों पर उपहास उमड़ता
मानस की महफ़िल में

जेब काटकर लाशों की मैं
रोज़ कविता लाता हूँ
कवियों के सम्मेलन में मैं
ऊँचे सुर में गाता हूँ

कवि हूँ, दीनों के दुःख को
मन में करता फील
मन की बातें हो जाती हैं
कविता में तब्दील

कहता हूँ मैं आज हलफ़ से
यदि आदमी होता
नंगा हो सर्दी में जाकर
आज सड़क पर सोता

प्रकृति के श्वेत कफ़न में
लिपटी हैं जो लाशें
एक कफ़न में मेरी भी तब
सिमटी होतीं साँसें

कहता हूँ मैं आज हलफ़ से
यदि आदमी होता
फुटपाथों पर बच्चों को मैं
गले लगाकर रोता

कहता हूँ मैं आज हलफ़ से
यदि आदमी होता
कन्धों पर ले फुटपाथों को
शीशमहल में ढोता

कहता हूँ मैं आज हलफ़ से
यदि आदमी होता
घूम-घूमकर दुनिया-भर में
बीज आग के बोता

कहता हूँ मैं आज हलफ़ से
कुञ्जमोहन जी शर्मा
मैं तो बस हूँ कवि कसम से
भाड़ में जाए नरमा।

[1997]

भोपिन

भोपे के संग
रामी भोपिन
ओढ़निया में
हाथ लपेटे
दिल में
लोकसंगीत समेटे
भरी सभा में
सटी खड़ी है

फटा घाघरा
फटा ओढ़ना
तिस पर
गज़-भर
घूँघट काढ़े
भाव लिये
चेहरे पर गाढ़े
लाज परोटे
डटी खड़ी है

रावणहत्था
लिये हाथ में

पैरों में निज
घुँघरू बाँधे
भोपा नाचे
मस्त मोर-सा
विवश मोरनी
नटी खड़ी है

ना हिलती है
ना डुलती है
ख़ुद में ख़ुद को
बन्द किए वो
फ़क़त कंठ ही से
खुलती है

बोले तो
कोयल-सी बोले
कानों में
मिसरी-सी घोले
इतने ऊँचे
सुर में गाए
साँस कपाली में
चढ़ जाए

भोपा गीत को
छेड़ के छोड़े
शब्द बोलता
है वो थोड़े
पूरा अन्तरा
वही गाती है
एक टेक से

टेक दूसरी
खींच गीत को
ले जाती है

सीटी सुनती
फ़िक़रे सहती
मगर भीड़ से
कुछ नहीं कहती
पेट की ख़ातिर
सब-सब से वो
जुड़ी खड़ी है
पर भीतर से कटी खड़ी है

भोपे के संग
रामी भोपिन
भरी सभा में
सटी खड़ी है।

[25 जनवरी, 2001]

लुगाई

मैंने देखी एक लुगाई
रेवड़ के पीछे थी भाई

तगड़ी-ताज़ी क़द-काठी की
सच्ची चोट करे लाठी की

ओढ़निया रखी थी टाँग
घघरे की पीड़े थी लांग

फ़ौजी का-सा साधे तन को
हाँक रही थी अपने धन को

पगडंडी थी बीच फ़सल
मचल गया भेड़ों का दल

विचलित नहीं हुई थी नारी
लाठी संग किलकारी मारी

बन गई भेड़ों की पाँत
धागे में मनकों की भाँत

दंग रह गया खेत का माली
अटक गई कंठों में गाली।

[25 जनवरी, 2001]

पोल में ढोल

आओ-आओ
छंद टूटा है
युगों पुराना
बन्द टूटा है

अब तो अपनी
पाँचों घी में
लिख दो जो भी
आए जी में

कोई नहीं अब
रोकनेवाला
कोई नहीं अब
टोकनेवाला

खुला पड़ा
काव्य का घर है
घुस जाओ
काहे का डर है

लिखो धड़ाधड़
हिट हो जाओ
जल्दी करके
फ़िट हो जाओ
मुक्त मन से
मुक्त छंद का
निराला के
हृदय-मकरंद का
निर्लज्जता से
लाभ उठाओ

वे भी आएँ
तुम भी आओ
आओ पोल में
ढोल बजाओ।

[27 जनवरी, 2001]

क़हर के दिन

मैं तो कवि
देहाती ठहरा
तुम हो कवि
शहर के भाई

मैं तो कुछ
समझ न पाया
बोलो कुछ
ठहर के भाई

मिलावट के
अमृत में मुझको
लगते कण
ज़हर के भाई

क्या कहते हो
अर्थ बताओ
अपनी इस
लहर के भाई

किस तरफ़
खुलते हैं मोघे
तेरी गुप्त
नहर के भाई

जो भी करो
तुम्हारी मर्जी
दिन तो बड़े
क़हर के भाई।

[28 जनवरी, 2001]

गडरिये की नींद

भरी दुपहरी
पीपल की छाँव
भेड़ों के बीच
मूँज की खाट पर
सोया है इमलाल

आते-जाते
गर्म हवा के झोंके
उड़ा-उड़ा देते हैं
उघड़ी छाती के
खिचड़ी बाल

आँखों की
धूल सनी बरौनियों तले
सपना चल रहा है
कोई विकराल

यूँ तो
सत्तरायी काया से
न जाने कितने ही

गुज़रे हैं
दुकाल-त्रिकाल

गए साल
बाप की मौत पर
बिरादरी को राजी कर
जैसे-तैसे हुआ था बहाल
बारहवें के बाद
अपने खांडे रेवड़ को ले
फिर से चल पड़ा था
जंगल की ओर
टूटी-टूटी चाल

अभी किलकर में
दम था कि
कैंसर से दब गई लुगाई
पूरा रेवड़
साहूकार की बही में
ख़त गया
पर बच न पाई

अपने धन से
अपणास टूट गई
इमलाल की

छितराई मूँछों तले की
हँसी उड़ गई
धुँधला गई
धौली बत्तीसी की आब

कभी नींद में
खिले-खिले चेहरे से
भेड़ों को टिचकारता था वह
पर अब
नींद में
रिरियाता है
बार-बार बदलता है करवट
फेरता है हाथ
पथराये चेहरे पर
बार-बार

[9 फरवरी, 2001]

सौन्दर्य की एक भुजा

मुझे याद है
जब मैं छोटा था
माँ की अँगुली थामे
आता था खेत से

दिन डूबे
काम से फ़ारिग हो
घर की ओर
चलती थी माँ
सिर पर घास का टोकरा उठाए
तेज़-तेज़ क़दमों से

माँ की चाल
और मेरी दौड़
बराबर थी उस समय

अँधेरी पगडंडी के
दोनों तरफ़
कैर, आक, बबूल
और झड़बेरी से अँटा
होता था भयानक जंगल

मेंढकों, झींगुरों और
गीदड़ों की
डरावनी आवाज़ों के
बीच से गुज़रना होता था
हमें रोज़

एड़ी में उठा
डर का बुलबुला
सिर में फूटता था मेरे

सरपट चलती
माँ की घघरी में
उलझ-उलझ जाती थीं
मेरी पतली टाँगें
गिर भी जाता था कई बार मैं
पर, थमने का
नाम न लेती थी माँ
आखिर मैं ही
दौड़कर
जा चिपकता था
अँगुली से उसकी

पूरे रास्ते
बोलती नहीं थी माँ
और न ही
हिम्मत थी मुझमें
कि तोड़ सकूँ
मौन उसका

नियंत्रित करती-सी
साँस और धड़कन
ख़ुद में ख़ुद को समेटे
भय-भरे वातावरण की
अनदेखी कर
बाट काटने की
बेताबी में
चलते जाया करती थी वह

बड़ा मज़ा आता था
इस सफ़र में
हलका-हलका भय
पोखता था मन को

वक़्त सरकता गया
सरकता गया
न रही माँ
न रहा मेरा बचपन
सड़क बन गई
मेरे खेत की पगडंडी
कट गया जंगल
दोनों ओर का
ग़ायब हो गईं आवाज़ें
मेंढकों, झींगुरों, गीदड़ों की

क़त्ल हो गई
भय की मीठी-मीठी सिहरन
कट गई
सौन्दर्य की
एक भुजा देखते-देखते

और
रह गया फ़क़त
ख़ाली-ख़ाली खेत
ख़ाली-ख़ाली रास्ता
ख़ाली-ख़ाली मैं।

[23 फरवरी, 2001]

आन्दोलन

पानी के लिए
आन्दोलनरत-से
हाथ पसारे खड़े हैं
मेरे खेत के
प्यासे पेड़

पश्चिम से
उठता है अन्धड़
ख़ाकी वर्दी में
पुलिस की तरह
और टूट पड़ता है
पूरी शक्ति के साथ
सत्याग्रही पेड़ों पर

देखते-देखते
लहूलुहान हो जाती है
मेरे खेत के
पेड़ों की भीड़

पर, कब दबा है
आन्दोलन?

दूसरे ही दिन
पसरने की बजाय
फड़कने लगती हैं
पेड़ों की
टूटी भुजाएँ।

[24 फरवरी, 2001]

ख़ाली खेत

अकाल-दर-अकाल
टूट गया
मरु का किसान

सुना है
छप्पने में
दिन तोड़े थे
बडेरों ने
वृक्षों की
छाल खाकर

पर, इन सालों की
मार तो
छप्पने से भी
भयंकर निकली

समूल वृक्ष
खा गए लोग
पर भूख न बुझी

पीढ़ियों पुराने वृक्ष—
जो सँजोये थे
बुज़ुर्गों की यादें
सँभाले थे
उनके हाथों के स्पर्श
कट-कटकर
चले गए शहरों में
चढ़ गए
आरा मशीन की भेंट

महीने-भर का
आटा नहीं बना
खेत ख़ाली हो गए

मेड़ पर बैठ
किसान रोया
अर्थी उठा
आँगन-सा लगा
उसे अपना खेत।

[7 अक्टूबर, 2001]

पिछवाड़े का खंडहर

गाँव की
ख़ाली पड़ी जगह में
पचायत से अनुमति ले
बस गया था
एक बंजारा
मेरे घर के पिछवाड़े

गायों की
ख़रीद-फ़रोख़्त कर
जैसे-तैसे
पालता था पेट
अपने परिवार का

कुछ ही दिनों में
घुल-मिल गया था
मेरा परिवार
उसका परिवार

मेरे बच्चों का
क्रीड़ास्थल बन गया
बालू रेत पर बना

बंजारे का घर

मैं जब भी देखता
घरौंदे बना रहे होते
मेरे बच्चे
उनके बच्चे
जुगाली काढ़ती
गायों के बीच

मैं बहुत बार देखता
बंजारन के पास
एक थाली पर बैठ
दलिया खा रहे होते
मेरे बच्चे
उनके बच्चे
साथ-साथ।

मैं अकसर देखता
चाँदी और पीतल के
सस्ते गहनों से लदी बंजारन
पत्नी से बतियाने
आती मेरे घर

बंजारन की
मुक्त हँसी के दौरान
धौले दाँतों पर जड़ी चूँप
मैं अकसर देखता

पर, एक दिन शाम
मैंने देखा—

उदास-उदास बंजारा
आया मेरे घर
बोला, बीरजी!
कागद आया है
देस से—
'सात साल बाद
हुई है बिरखा
घर लौट आओ'
सो जा रहा हूँ कल ही
मानते रहना रामरमी
इतने अरसे में
जो भी गलती हुई हम से
माफ़ करना बीरजी!

कहकर
चला गया बंजारा
पर सो नहीं सका
मेरा परिवार
रात-भर

अरसा बीत गया
बंजारे को गए
पर आज भी
पुकारता है हमें
बार-बार
पिछवाड़े का खंडहर।

[28 फरवरी, 2001]

सफ़र

गाँव से दूर
छोटे-से स्टेशन पर
नीम की
चकत्तेदार
मरियल-सी
छाया में
बैठा है
एक टूटा-टूटा परिवार

चौपाये का
किराया पूछ
खिड़की से
लौटा है
नीम तले अभी-अभी
विचलित-सा
परिवार का मुखिया

तहमत की अंट से
पैसे निकाल
लगा है गिनने

काँपते हाथों वह

काले कद्दावर
कुत्ते की आँखें
गड़ी हैं
मालिक के
बुझे-बुझे
चेहरे पर

कुत्ते के बारे में
पत्नी के सवाल पर
'नहीं' के इशारे में
हिलती है टेंटुआ उभरी
मुरदी नाड़ मालिक की

इतने में
आ धमकती है
सीटी मारती गाड़ी

दूसरे ही पल
जब चलती है गाड़ी
तो उसके पीछे
दौड़ रहा होता है
एक कुत्ता
अपनी पूरी
ताक़त के साथ

और, गाड़ी के
एक डिब्बे में
दे रहा होता है सांत्वना

अपने परिवार को
एक मुखिया

कट रहा होता है
सफ़र

[1 मार्च, 2001]

केवल तुम

मेरे सृजन में
तू है
या तुझ में है
मेरा सृजन
मैं नहीं जानता

पर जब मैं
लिख रहा होता हूँ
मेरे सृजनरत
मन को
पोख रहा होता है
कोई और

और एक
मीठी ताक़त
उतर रही होती है
मेरी क़लम पर

तब मेरे
आस-पास
तुम होती हो
केवल तुम।

[8 अक्टूबर, 2001]

लुक के इर्द-गिर्द

जेठ की
चिलचिली धूप में
तपती सड़क पर
डामर बिछा रहा है
युवा बंजारा युगल

हफ़्ता-भर
हुआ नहीं
शादी को

उबटन की
आब भी
उड़ी नहीं
शरीरों से

मेहँदी का
रंग भी
नहीं पड़ा
मंगसा अभी

अमीरों की
भाषा में
दिन हैं
हनीमून के
पर यहाँ तो
सब-कुछ
बदला-बदला है

मेहँदी रचे
हाथों में
बेलचा है,
तपते कोलतार भरा
तसला है

तीखे लुक के
इर्द-गिर्द
सिंक रहे हैं
दो बदन

उधर
चीरे से
पसीना
चल रहा है

इधर
माँग का
सिन्दूर
पिघल रहा है

दो दिलों में
उमड़ता प्यार
श्रम में
ढल रहा है।

[20 अक्टूबर, 2001]

खेजड़ा

कितना जीवट है
मरु-पुत्र खेजड़ा

हँस रहा है
धोरों के
बीच खड़ा

सहकर भी
लूओं के वार
धूल-भरी
आँधियों के थपेड़े
सूखे की मार
बचाए हुए है
चेहरे का हरापन

बूढ़े की छाती-सा
खोखला तना
गहरे में
जड़ें डाल
पाताल से
पानी खींच

करता जा रहा है
ऊपरी भाग को घना

हिल-हिल
कहतीं
कचाकच टहनियाँ इसकी—
जीतनी है जो
जंग जीवन की
तो बचाए रखो सरसता
संघर्ष में भी।

[9 अक्टूबर, 2001]

ऊँट के बोल

मुझे
ट्रक में
लादकर
यूँ तौहीन तो
मत कर
मेरी ताक़त की

बुढ़ा गया तो क्या
आख़िर जहाज़ हूँ
रेगिस्तान का
पैदल ही
चला जाऊँगा
बूचड़ख़ाने तक

इनसान नहीं
जानवर हूँ
लड़ता रहूँगा अकेला
तेरी प्लेट में
आने तक।

[28 जुलाई, 2001]

मरु का गाँव

बूढ़े मरुस्थल की
गोद में
आँखें मूँदे
बीमार शिशु-सा
सोया है
मेरा गाँव

दम तोड़ते
बच्चे पर
बाप की तरह
मेरे गाँव पर
झुक गया है मरुस्थल

इस हालत में भी
मुस्करा रहा है गाँव

अनायास ही
फूट पड़ती हैं पंक्तियाँ
मेरे होंठों पर
निराला की—
'रोग-शोक में भी

हँसता है
शैशव का सुकुमार शरीर'
और
नम हो जाती हैं
मेरी आँखें।

[24 फरवरी, 2001]

सरहद के इस पार—उस पार

सरहद के
इस पार की चिड़िया
फुदकती हुई
जा बैठती है
उस पार के
वृक्ष की डाल

और मुक्त मन से
चहकने लगती है

वृक्ष के पक्षी
हमला नहीं करते
उस पर कभी

अपितु गाने लगते हैं
मिलाकर
उसके स्वर में स्वर

पर मैंने
अख़बार में
पढ़ा था

हाँ, यह तो मुझे
याद नहीं
कि वह बूढ़ा
अपने पोते का
कन्धा थामे
इधर बढ़ा था
या उधर बढ़ा था

पर फोटो में
पोते सहित
सरहद पर
बिछा पड़ा था

[21 अक्टूबर, 2002]

गाँव से टूटी किरच

शहर की
लम्बी गली में
चलते-चलते
दो हवेलियों के बीच
फँसा-फँसा-सा
देखा मैंने घर

अनायास ही
थम गए पाँव
गड़ गई नज़र

कच्ची ईंटों से बने
गोबर पुते
इस आश्रम में
देखा मैंने
झाँककर

चरखा कातती
बुढ़िया के इर्द-गिर्द
धूल सने बच्चे

कर रहे थे
उछल-कूद

मशीन पर
कटती सानी देख
मचल रही थी
खूँटे बँधी गाय,
नाच रहा था
बग़ल में बँधा बाछरू

भींत की
परछाईं में पड़ी खाट पर
सो रहा था एक बूढ़ा
और उसके नीचे
सिसक रहा था
एक काला कुत्ता

मुझे लगा—
गाँव से टूटकर
कोई किरच
आ पड़ी
शहर के बीचों-बीच

मैं पूरे दिन
शहर में घूमा
पर मुझे
नहीं आया नज़र
इस घर के सिवाय
कोई घर

पूरा शहर
होटलों से
अटा पड़ा था।

[22 अक्टूबर, 2002]

मैं और तुम

मैं
नीड़ में
रहकर भी
भीड़ में हूँ

तुम
भीड़ में
रहकर भी
नीड़ में

मैं
बीवी-बच्चों के
कन्धों से उचक
जुड़ा रहता हूँ
भीड़ से

तुम
भीड़ के
कन्धों से उचक
तलाशते रहते हो
बीवी-बच्चे

मैं
भीड़ से
भीड़ के
काम की चीज़
बटोरता हूँ

तुम
भीड़ से
अपने मतलब की चीज़
चोरते हो

मेरी कविता में
भीड़ बोलती है

तुम्हारे शब्दों में
फ़क़त तुम
बोलते हो

तुम
सुनने को
तैयार नहीं हो मुझे

मैं
तुम्हारे एक-एक
शब्द को
तरसता हूँ

बोलो,
अन्तर्मुखी कौन?

[27 अक्टूबर, 2001]

जीवन तो यहाँ है

गडरिये!
ओय लम्बी लाठी के मालिक

मुझे खींचता है
न जाने
क्यूँ तेरा जीवन
बार-बार

रेवड़ की
घंटियों से
सुरमयी करती
मरु के धोरों को
कितनी निराली है
तेरी अनथक यात्रा

थकने का
अर्थ तक
नहीं जानता तू

थकता है सूरज
या फिर भेड़ें

तू तो इस वक़्त भी
धोरे के शिखर
सोने वर्णी
आग के इर्द-गिर्द
गतिशील ही
नज़र आता है
गधे का बोरा उतार
डेरा सजाता है
दूहकर बकरियाँ
टेकता है दूध
आँच पर,
झोंककर लकड़ियाँ
आग को
गहराता है
और इसी आग की
रौशनी में
बालू रेत पर बैठ
बाजरे की रोटी
दूध में चूर
जीमता हुआ
दिखता है तू
दूर-दूर

पर,
मेरे सिवा
कोई नहीं देखने वाला तुझे
इस बियाबान में

हाँ,
तुझे तेरी समग्रता में

दिखाना चाहता हूँ
इसलिए आवाज़ देता हूँ—

दुनियाऽऽ
ओय दुनियाऽऽऽ!
तू कहाँ है?
जीवन तो यहाँ है।

[2 नवम्बर, 2001]

दमदार

उसकी हँसी में
फीकापन है
हार नहीं है

डाक्टरों की
'डिक्लेयरेशन' उसे
स्वीकार नहीं है

कल ही
मिला था वह मुझे
गली के मोड़ पर

लग रहा था
कि वह
बीमार नहीं है

गर्दन पर उभरी
गिल्टियों को
सहलाते हुए
कहा था उसने—
'यह कैंसर है...?

ऐसी-तैसी
बताने वालों की।'

फिर तहमत को
चिमठी से पकड़
चल दिया था वह
अपनी स्वाभाविक चाल

मुझे लगा—
उस-सा दमदार नहीं है।

[4 नवम्बर, 2001]

परात में फिसलते हाथ

हम सब की निगाहें
बँध जाती हैं
तेरे रोटी बेलते
हाथों पर

थाली पोंछ-पोंछ
बैठ जाते हैं
हम तेरे इर्द-गिर्द

देहरी में बैठे
कालू की
हिलने लगती है पूँछ
तेरी हथेलियों बीच
गोल होते पेड़े पर

मुँडेर पर बैठा
कौआ भी
देख रहा है
तवे पर
रोटी पलटते
तेरे ही हाथ

आँगन में
फुदकती चिड़ियों के
चित्त में भी
रोटी सेंकते
तेरे ही हाथ हैं
और, तेरे इन
आटे सने हाथों का ही इन्तज़ार है
दरवाज़े पर खड़े बूढ़े साँड़ को

तेरी क़सम
तेरे परात में फिसलते
हाथों को
चूमना चाहते हैं
हम सब।

[24 दिसम्बर, 2001]

सीट मिलते ही

चढ़ने से पूर्व
व्यग्र थे इतने!

मिलते ही सीट
बातों में जुट गए

कुछ उनकी भी सोचो
जिनके हाथ छूट गए।

[26 दिसम्बर, 2001]

कैसे लिख सकता हूँ कविता

मैं
जिस छत के नीचे बैठ
कविता लिख रहा हूँ
उसकी घुन खाई बल्लियाँ
मेरे सिर पर
गिरने को आतुर हैं

गल चुके
सरकंडों में
घोंसला बनाने ख़ातिर
लड़ती चिड़ियाँ
मेरा ध्यान
भंग करती हैं

छत बदलने के
अहम मुद्दे पर
पत्नी से बहस
चल रही है
मेरे मस्तिष्क के
एक कोने में

और दूसरे में
नंगी खिड़कियों
व नंगे दरवाज़ों वाले
इस कमरे का कंकाल
हाथ फैलाकर
कह रहा है—
किवाड़-किवाड़!

और तीसरे में
बिटिया के ब्याह की तारीख़
प्रश्न खड़ा करती है—
ज़मीन बेचोगे
या गिरवी रखोगे?

सम्पादक भाई!
फ़िलहाल मेरा मस्तिष्क
इस कमरे का फ्रेम बन गया है
और पूरा कमरा इसमें फँसा है
जिसके
एक बचे कोने में
इन तीनों कोनों से
आहत मैं
सिसक रहा हूँ

बोलो,
आग्रह पर तुम्हारे
कैसे लिख सकता हूँ
कविता?

[6 मई, 2002]

वे चुनाव नहीं लड़ते

कौन कहता है
वे चुनाव लड़ते हैं

नहीं, वे चुनाव
नहीं लड़ते
कभी नहीं लड़ते वे चुनाव

क्योंकि
लड़ना तो
उनकी फ़ितरत में ही
नहीं है
आख़िर लड़ाई में भी
किसी न किसी रूप में
श्रम तो
रहता ही है

नहीं
वे श्रम नहीं करते

पब्लिक लड़ती है चुनाव—
पैसों से

बातों से
मुक्कों से
लातों से
भालों-बन्दूक़ों-तलवारों से
ख़ून के फ़व्वारों से
और लड़ा-लड़ाया चुनाव
उनके गले में
डाल देती है पब्लिक

नहीं
वे चुनाव नहीं लड़ते
वे तो
पहनते हैं चुनाव।

[23 जुलाई, 2002]

ऐसा ही

रात को
आँगन में
लेटे-लेटे
आसमान के
पटल पर
दृष्टि के चाक से
तारे से तारा
मिलाकर
बेशक बना सकते हो
त्रिभुज, चतुर्भुज,
पंचभुज, आयत
वर्ग आदि

पर पुख़्ता तो नहीं
यह सृजन
जिसे मिटाती
डस्टर बन
मात्र आँखों की
झपकन

रचा जा रहा
यहाँ
इन दिनों
ऐसा ही कुछ।

[3 अगस्त, 2002]

वे और हम

उनका उठना-बैठना
खाना-पीना
हँसना-बोलना
मिलना-जुलना
सब इतना
कृत्रिम है कि
मानो वे
जीवन-जीवन
खेल रहे हैं

और हम सब
उनके लिए
खिलौने ढो रहे हैं

वे खेल रहे हैं
हम झेल रहे हैं।

[14 अगस्त, 2002]

मिडिल क्लास का बन्दा

चिकनी चमड़ी
तोंद बढ़ी
गालों पे चर्बी
चढ़ी-चढ़ी

चौड़े पहुँचे पर
बालों बीच
सुन्दर घड़ी
बँधी हो 'स्विस'

बुशर्ट दिखाती
जहाँ तत्काल
पाउडर सने
काँख के बाल

जो रहे लोक से
कटा-कटा
और सत्ता से
सटा-सटा

तो समझो—
बन्दा
मिडिल क्लास का है
यह अनुभव
मेरे आस-पास का है

× × ×

सत्ता और पूँजी की देहरी
बैठा पूँछ हिलाए जो

आते-जाते
आम जन पर
बेमतलब
गुर्राए जो

अपने और पब्लिक के बीच
जहाँ प्रायोजित अन्तराल
कभी-कभी
पर्दे से निकले
चेहरा ले विकराल

तो समझो—
बन्दा
मिडिल क्लास का है
यह अनुभव
मेरे आस-पास का है

× × ×

धूप का चश्मा
धूप का छाता

तब दो पग
पैदल चल पाता

सिटी बस से
सफ़र नहीं,
करता ऑटो का इस्तेमाल
गाड़ी में
आरक्षण बिन
गल नहीं पाती दाल
सिम्पल कोच में
जो बैठे तो
प्रतिष्ठा पर चोट
साधारण जन की सोहबत उसके
दिल को रही कचोट
क्योंकि,
बन्दा
मिडिल क्लास का है
यह अनुभव
मेरे आस-पास का है।

× × ×

निज काम
कर चुकने के बाद
काँखों में
सिमट जाते हैं
कुछ हाथ

अपनों के
भीतर आते ही
बन्द हो जाते हैं

कुछ किवाड़

अपने मतलब की
कर चुकने के बाद
बन्द हो जाती हैं
कुछ जुबानें

कोई माने
या न माने
मामला मिडिल क्लास का है
यह अनुभव
मेरे आस-पास का है

× × ×

अति सभ्य
मितभाषी
ये लोग
धीमे स्वर में
तौल-तौलकर
बोलते हैं
एक-एक शब्द

शिष्ट भाषा है
शिष्ट व्यवहार
पैंटों की जेबों में
हाथ डाले खड़े हैं
जन समस्याओं से दूर
शिष्टाचार के
ये आकार

अव्वल तो
जुलूस वग़ैरह में
जाना ही नहीं मानते
अपने स्तर का काम
और यदि भूल से
चले भी जाते हैं तो
मजाल है
होंठों पर
आ जाए
नारे का नाम

इनकी नसों में रक्त
मिडिल क्लास का है
यह अनुभव
मेरे आस-पास का है।

[26 जुलाई, 2002]

चार बूँद हड्डी

सूखे खूँटे
गाय बँधी है
मालिक खड़ा
पकड़कर कान

नस उभरे
हाथों से कोई
सूखे थन
रही है तान

सलवट-भरे
ऊस का मंथन
घंटों चला
इकसार

तब बर्तन में
पिघल पड़ी थी
हड्डी बूँदें चार।

[3 अगस्त, 2002]

वो जाने

सारा-सारा दिन
खटती है वो
घर के साथ-साथ
बढ़ती है
घटती है वो

कौन काम
कब करना है
वो जाने

कौन सामान
कहाँ धरना है
वो जाने

क्या-क्या किसको
देना है
वो जाने

क्या-क्या किससे
लेना है

वो जाने

क्या कहाँ से
लाना है
वो जाने
क्या कहाँ
पहुँचाना है
वो जाने

पशुपालन
और चूल्हा-चाकी
वो जाने

सारे घर की
जोड़-बाकी
वो जाने

लीपा-पोती
और सफ़ाई
वो जाने

बूढ़ों को कब
दें दवाई
वो जाने

बच्चों को
स्कूल भेजना,
लालन-पालन
वो जाने

फ़क़त वही है
माँ और मालन
वो जाने

कहाँ धरे हैं
किसके कपड़े
वो जाने
तुम्हारे उलटे-सीधे
लफड़े
वो जाने

शेव का सामान
तुम्हारा
वो जाने

कच्छा और बनियान
तुम्हारा
वो जाने

वो चलते-चलते भी
बैठी है,
सोई है
कर्मयोग में
खोई है

और तुम?
कमरे में
बैठे-बैठे ही
चल रहे हो

कोरे काग़ज़ों पर
क़लम से
दुनिया बदल रहे हो।

[3 नवम्बर, 2002]

कहाँ थूकूँ

कहाँ थूकूँ
फ़र्श चिकना है
तो फिर
थूक गिटना है?

पूरी टेबल से
अपरिचित मैं
कैसे जीमूँ

कौन चीज़
किस औज़ार से
उठाऊँ
कौन पहले
कौन बाद में
खाऊँ?

कहाँ फेंकूँ कुल्ला
फ़र्श चिकना है
तो फिर
कुल्ला गिटना है?

बातें बहुत हैं
मग़ज़ में
माथा फट रहा है
कैसे निकालूँ बाहर
सामने चेहरा
चिकना है
दिमाग़ चिकना है

कैसे ठहरे
मेरी खुरदरी देह
तुम्हारे यहाँ
रात-भर,
बेड चिकना है
बिस्तर चिकना है

मेरा थैला
ला दो दोस्त!
मुझे यहाँ
नहीं टिकना है।

[20 नवम्बर, 2002]

कहाँ-कहाँ थूकूँ

कहाँ-कहाँ थूकूँ?
किस-किस के
मुँह पर थूकूँ?
थूक थोड़ा है

सौ-सौ
मुख हैं
एक-एक के यहाँ
और प्रत्येक
लम्बा है
चौड़ा है

कहाँ-कहाँ थूकूँ?
थूक थोड़ा है

मुझे पता है
थूक से
मलिन नहीं होने
इनके चेहरे
और न ही
ऐसा मन्तव्य है मेरा

मैं चाहता हूँ
एक शिनाख़्त पैदा कर दूँ—
उनके लिए
जिनके हाथों में
दाँती है
हथौड़ा है

कहाँ-कहाँ थूकूँ
थूक थोड़ा है।

[2 दिसम्बर, 2002]

इन्तज़ार

शोषितों के
दिलों के
कोख के गर्भ!
तेरे जन्म का
इन्तज़ार है

और इन्तज़ार है
उस दिन का
जब हमारी बेड़ियाँ
कटकटा कर
टूट जाएँगी
तुम्हारे जन्मने की
सूचना के साथ

आज भी
मेरी मधुर कल्पना के
पलने में
अँगूठा चूस रही हो तुम

तुम शीघ्र जन्मोगी
क्योंकि

इन दिनों
श्रमिकों की उदासी में
प्रसव पीड़ा-सी
झलक रही है।

[28 नवम्बर, 2002]

अकेला

वह चलता है
सदा अकेला
सूने रस्ते
निपट अकेला

धीरे-धीरे
चलता है वह
जब होता है
कोई आगे
जब पीछे
होता है कोई
वह चलता है
भागे-भागे
कर अनसुना हेला

संग पाने को
उसके कोई
आगे वाला
जब रुक जाता
मानो कोई
चीज़ खो गई

नजर गड़ा
वहीं झुक जाता
साफ़ होने तक गेला

× × ×

नहीं-नहीं वह
नहीं अकेला
कभी न चलता
वह अकेला
वह चलता है
सदा सकेला

उसके भीतर
पूरी दुनिया
अच्छी दुनिया
बेहतर दुनिया

वह चाहता है
यह दुनिया जो
इस दुनिया में
मिल जाए तो
ठीक-ठाक
बन जाए दुनिया
इस चिन्तन में
चले अकेला

नहीं-नहीं वह
नहीं अकेला
कभी न चलता

वह अकेला
वह चलता है
सदा सकेला।

[5 दिसम्बर, 2002]

नया क्या है

वही सूरज
वही चाँद
वही हवा
वही पानी

वही तेली
वही बैल
वही कोल्हू
वही घानी

ख़त्म हुआ हुड़दंग
नई शताब्दी का
लोग उन्नीस सौ निन्यानबे की जगह
दो हज़ार लिखने लगे

बन्द हुआ शोर
मिलेनियम-मिलेनियम का
बासी बैंगन
बाज़ार में
फिर से बिकने लगे।

[जनवरी, 2002]

पिंजरा तोड़ें

अलग से
नहीं मिलेंगे
हमें चिकने दिन

आओ!
इन खुरदरे दिनों से ही
कुछ स्निग्धता चुराएँ

मायूसी के बादल गहराएँ
इससे पूर्व ही
जीवन के स्रोत ढूँढ़ें

भुरभुरे जीवन में बिखरी
छोटी-छोटी ख़ुशियाँ जोड़ें

मन के पाँखी का
पिंजरा तोड़ें।

[1999]

सड़क

ऐ जवान सड़क
तू बहुत सुन्दर
बन पड़ी है

पर मुझे लगता है—
हाथों में
गैंती लिये
कोई मज़दूरिन खड़ी है।

[7 दिसम्बर, 2002]

आग

आग है
नाग

दुम पर
पानी का
पैर टिका

फूत्कार उठी।

[9 दिसम्बर, 2002]

भूल नहीं सकता

मैं लम्बे-लम्बे प्रवास के दौरान
बहुत सुन्दर-सुन्दर
घरों में रहा हूँ

आलीशान भवनों में रहा हूँ
ऐसी-ऐसी वस्तुओं के बीच रहा हूँ
जिनके नाम तक नहीं जानता मैं

ऐसे-ऐसे व्यंजनों के बीच रहा हूँ
जिनके भी नाम नहीं जानता मैं
ऐसे-ऐसे मेजबानों के बीच रहा हूँ
जिनकी मेजबानी को
भूल नहीं सकता मैं

पर भूल नहीं सकता
हाँ भूल नहीं सकता कभी
प्रवास के उन सुन्दर व सुखद क्षणों में भी
टूटे-फूटे मेरे घर का
मेरे साथ रहना

और मात देते रहना
वहाँ के सौन्दर्य को
प्रतिपल।

[19 जुलाई, 2003]

वरना मैं भी करता कविता

सत्तर साल की उम्र में
कविता करने लगे हैं बाबा

जब अनुभव का वज़न
वहन नहीं कर पाती भाषा
तो जम्हाई लेकर कह उठते हैं—
साली भाषा नहीं आती
वरना मैं भी करता कविता

कितने भोले हैं बाबा
नहीं जानते कि
जिस दिन सीख लेंगे भाषा
नहीं कर सकेंगे कविता।

[2003]